뇌가 놀고 싶을 때 동상이몽

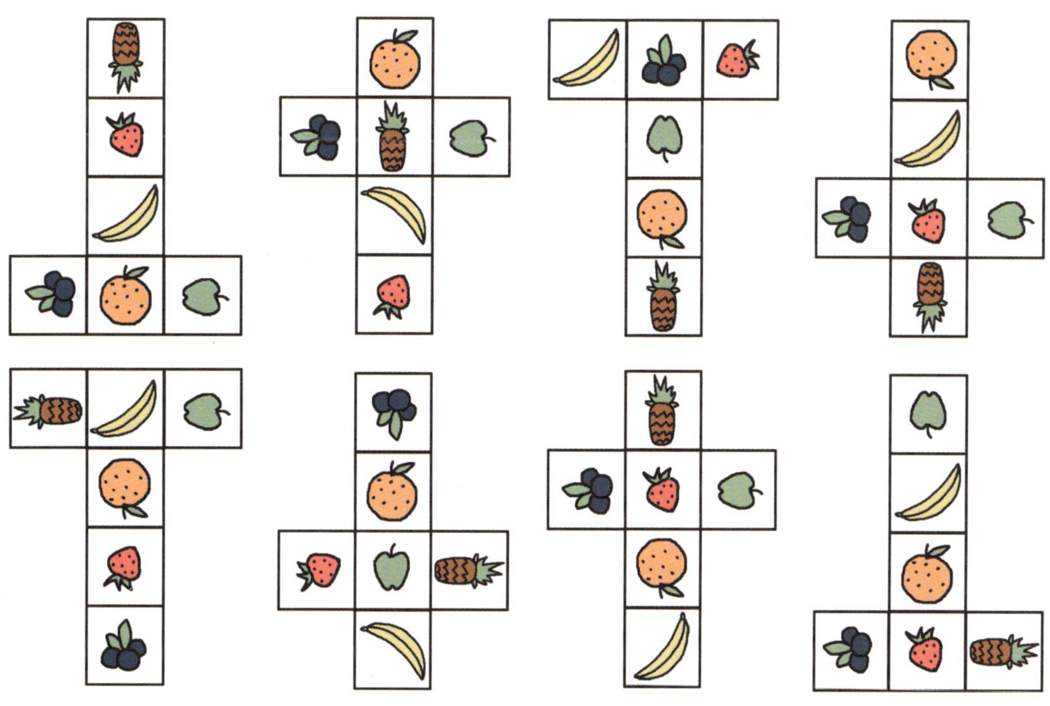

뇌가 놀고 싶을 때 동상이몽

그림 줄리아 롬바르도, 마크 파초, 안드레아 에베르트, 니콜라에 네구라/ **1쇄 인쇄** 2018년 1월 25일/ **1쇄 발행** 2018년 2월 2일/
발행처 도서출판 옥당/ **발행인** 신은영/ **등록번호** 제396-2008-000013호/ **등록일자** 2008년 1월 18일/
주소 경기도 고양시 일산동구 무궁화로 11 한라밀라트 B동 215호/ **전화** (02)722-6826 **팩스** (031)911-6486/
홈페이지 www.okdangbooks.com/ **이메일** coolsey@okdangbooks.com/
값은 표지에 있습니다./ **ISBN** 978-89-93952-89-6 13690

이 도서의 국립중앙도서관 출판시도서목록(CIP)은 e-CIP 홈페이지(http://www.nl.go.kr/ecip)에서 이용하실 수 있습니다.(CIP제어번호: CIP2018001224)

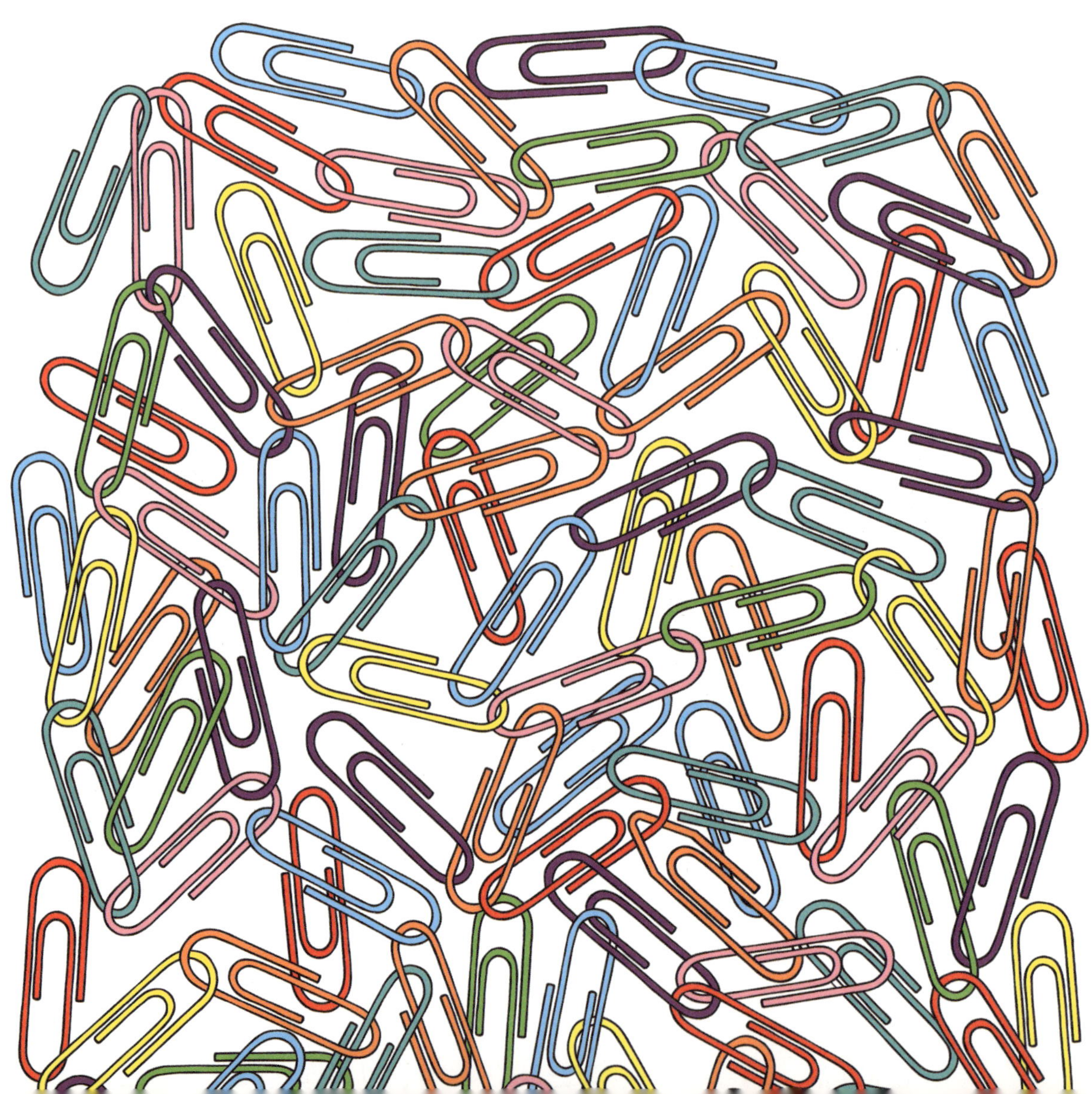

시각퍼즐 놀이터, 동상이몽에 오신 걸 환영합니다.

이 책은 척 봤을 때는 같아 보이지만
자세히 들여다보면 뭔가 다른 게 보이는 시각퍼즐 놀이터입니다.
쉬운 듯 보이지만 어렵고, 어려워 보이지만 쉬운 그림이 가득합니다.
쉽다고 얕보지 마세요. 혼돈에 빠져 헤맬지 몰라요.
어렵다고 포기하지 마세요. 도전시간은 충분하니까요.

모든 퍼즐에는 여러분이 도전할 시간이 제시되어 있습니다.
시간 내에 완료하지 못하더라도 실망하지 말고 도전을 즐겨주세요!
책 맨 뒤쪽에 해답이 있지만 꾹 참고 도전해 보세요!

자, 이제 시작해볼까요?

시각퍼즐도 맞추고 색칠도 해보세요

어떤 퍼즐은 색칠하기에 좋아요.
퍼즐의 많은 부분이 부분적으로 칠해져
있거나 비어 있습니다.
빈 부분에 그림을 그려 넣고 좋아하는
색을 채워보세요.

준비됐나요? 뇌가 뛰어놀 시간, 시작!

적합한 조각은 무엇일까요?

어디로 가야 개껌을 찾을까요?

늑대가 돼지의 작은 집을 날려 버렸어요. 날아가는 물건 속에 의외의 물건이 있어요.

다른 것은 무엇일까요?

기린이 볼 수 있는 동물은?

헉! 샐러드에 애벌레가 있어요.

뭔가 다른 개를 찾으세요

같은 것 세 쌍을 찾으세요

다른 것을 찾으세요.

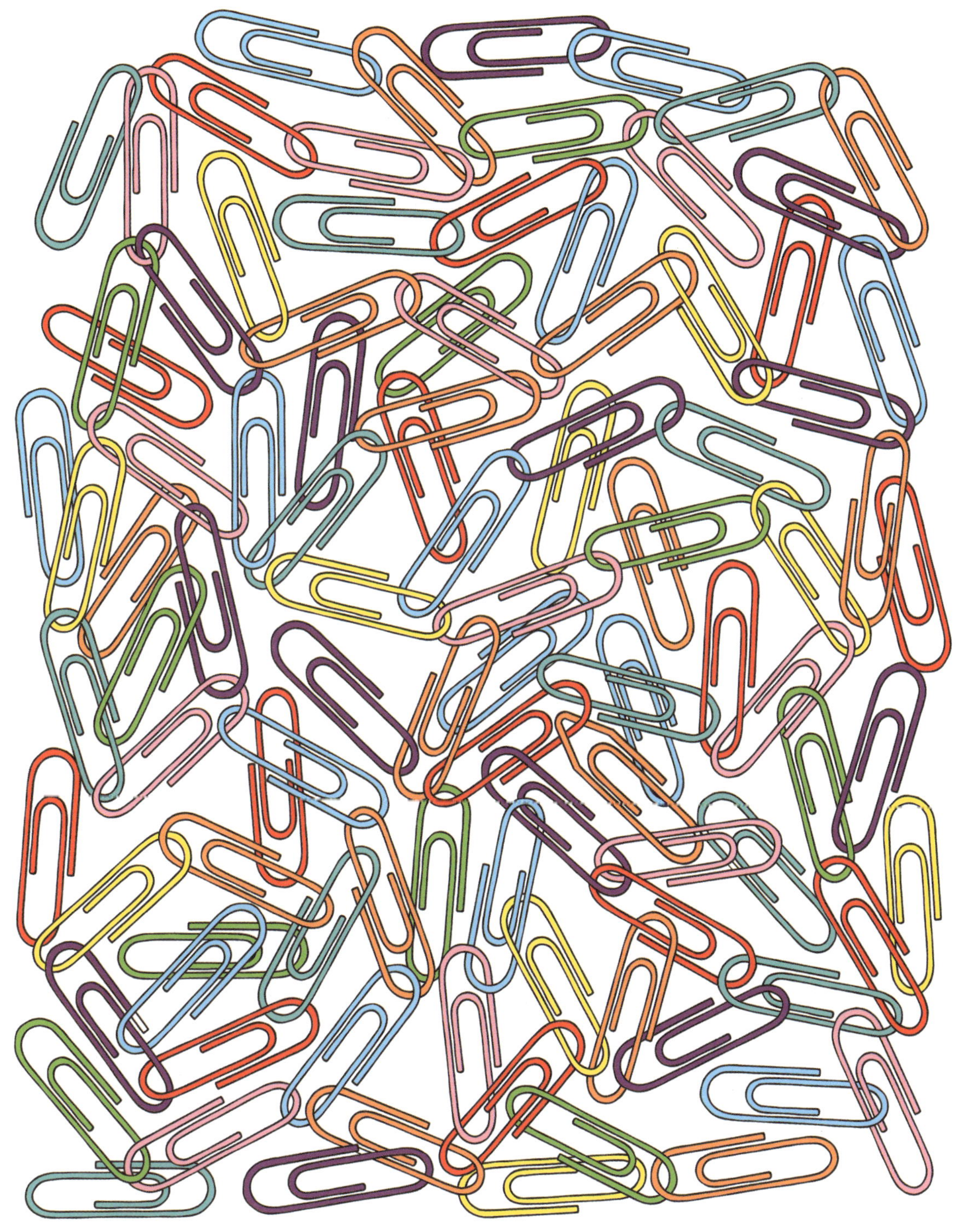

이 그림의 규칙에서 벗어나는 것을 찾으세요.

얼룩말은 모두 몇 마리인가요?

적합한 조각을 찾으세요.

반점이 5개 미만인 강아지를 찾으세요.

여왕개미에게 가는 길을 찾으세요.

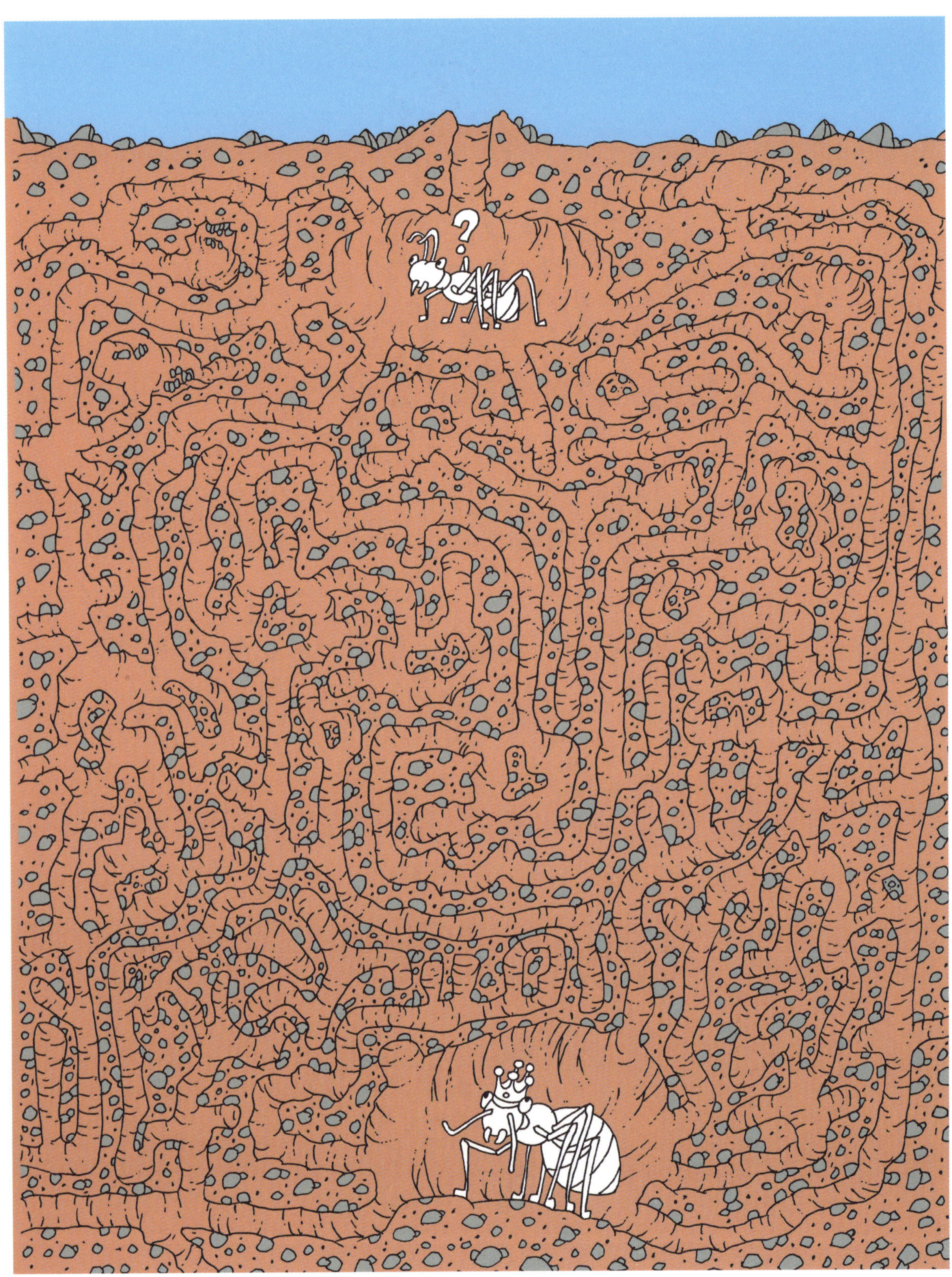

냉장고에 어울리지 않는 물건은?

다른 올빼미를 찾으세요.

붉은 원의 그림 조각으로 적합한 것을 찾으세요.

다른 케익 4개를 찾으세요.

맞는 돌고래 그림자를 찾으세요.

뭐가 다를까요? 다른 것을 찾으세요.

이 그림의 주제는 뭘까요? 주제와 다른 것을 찾으세요.

해변에 어울리지 않는 것을 찾으세요.

서로 겹치는 녹색 나비를 찾으세요.

뒤죽박죽된 그림과 일치하는 그림자를 찾으세요.

사라진 퍼즐 조각을 찾으세요.

예쁜 소녀들 사이에서 무엇을 찾으라는 걸까요?

다른 연필을 찾으세요.

토끼와 생쥐 중 누가 목표점에 먼저 도착할까요? 자기 식량을 먹으며 가야 해요.

다른 점이 뭘까요? 플라밍고들을 자세히 살펴보세요.

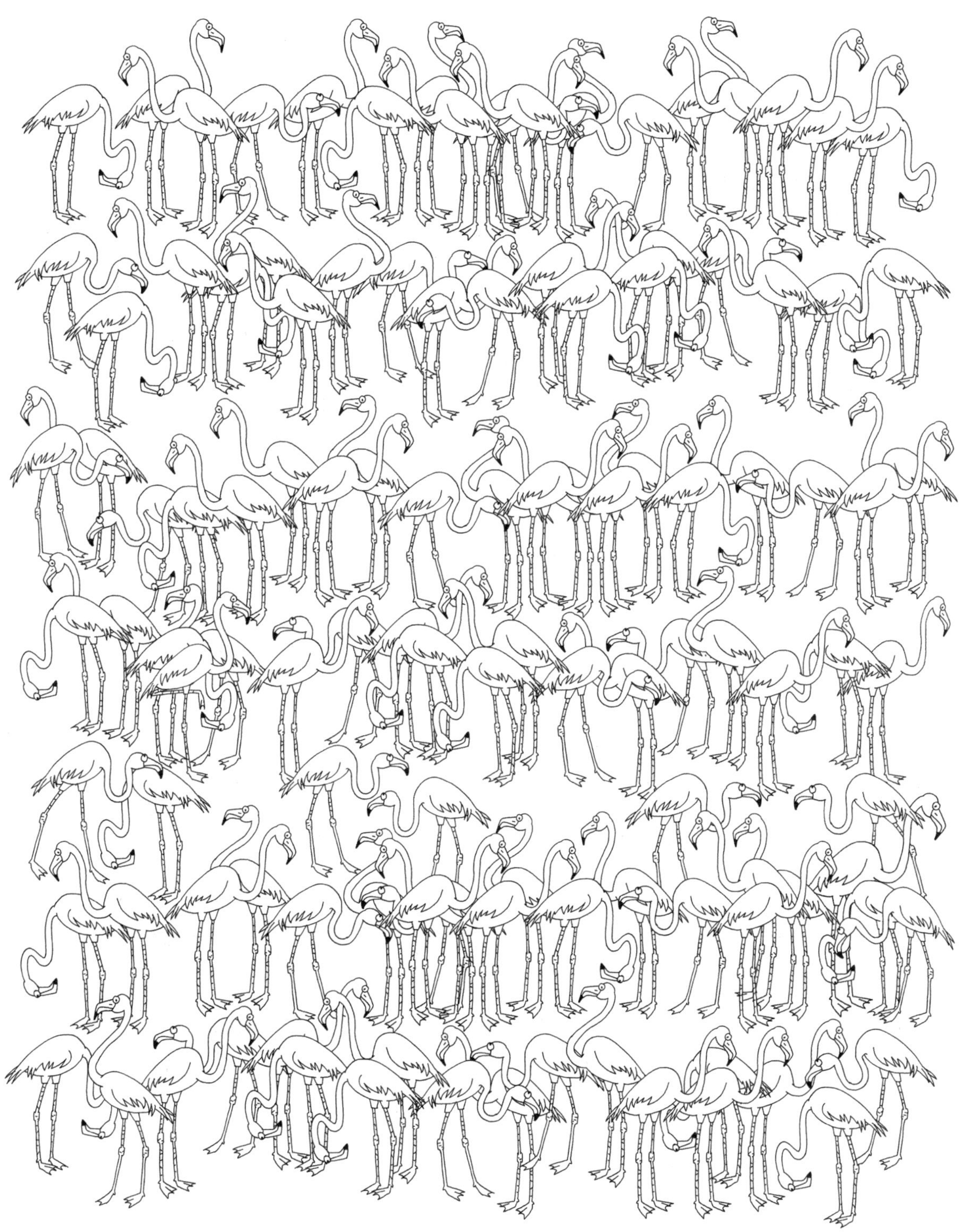

잭이 풍선을 모두 놓쳤어요! 몇 개일까요?

같은 것을 찾으세요.

종류가 다른 것 하나를 찾으세요.

종류가 다른 것 하나를 찾으세요.

어떤 화살표가 꽃의 꿀에 닿을까요?

이 방에 어울리지 않는 물건이 있어요.

이 장소에 어울리지 않는 것을 찾으세요.

모두 같아 보이는데 뭐가 다를까요?

농장 동물을 찾으세요.

스케이트보드는 몇 개인가요?

튀는 토끼가 있어요.

새(찌르레기)는 모두 몇 마리인가요? 그리고 새 한 마리가 뭔가 달라요. 뭘까요?

다른 페인트 방울이 하나 있어요.

숨어 있는 작은 물고기는 몇 마리인가요?

오른쪽 그림에 맞는 8개의 그림 조각을 찾으세요.

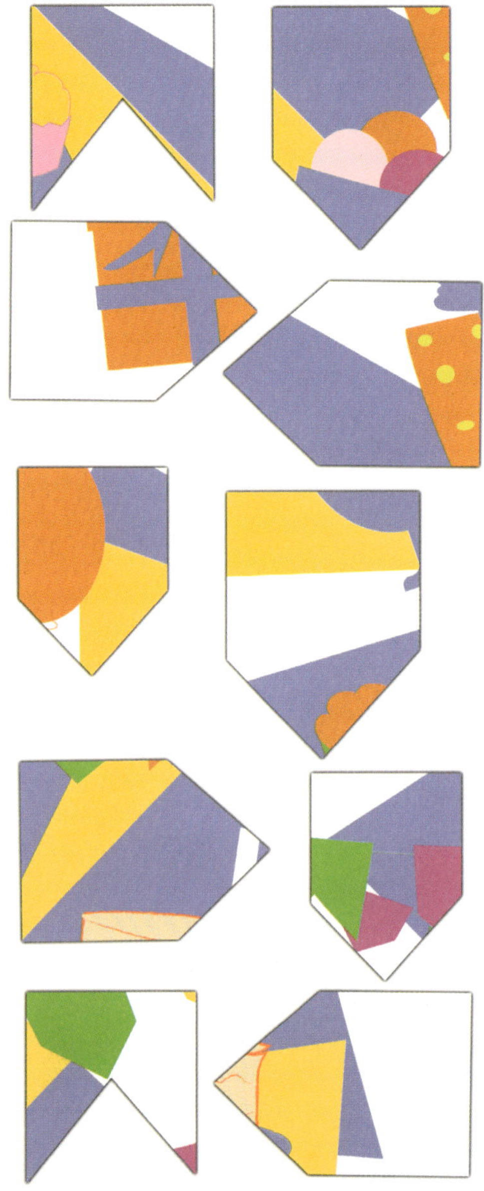

코끼리 한 마리가 다릅니다.

다른 점은 무엇일까요?

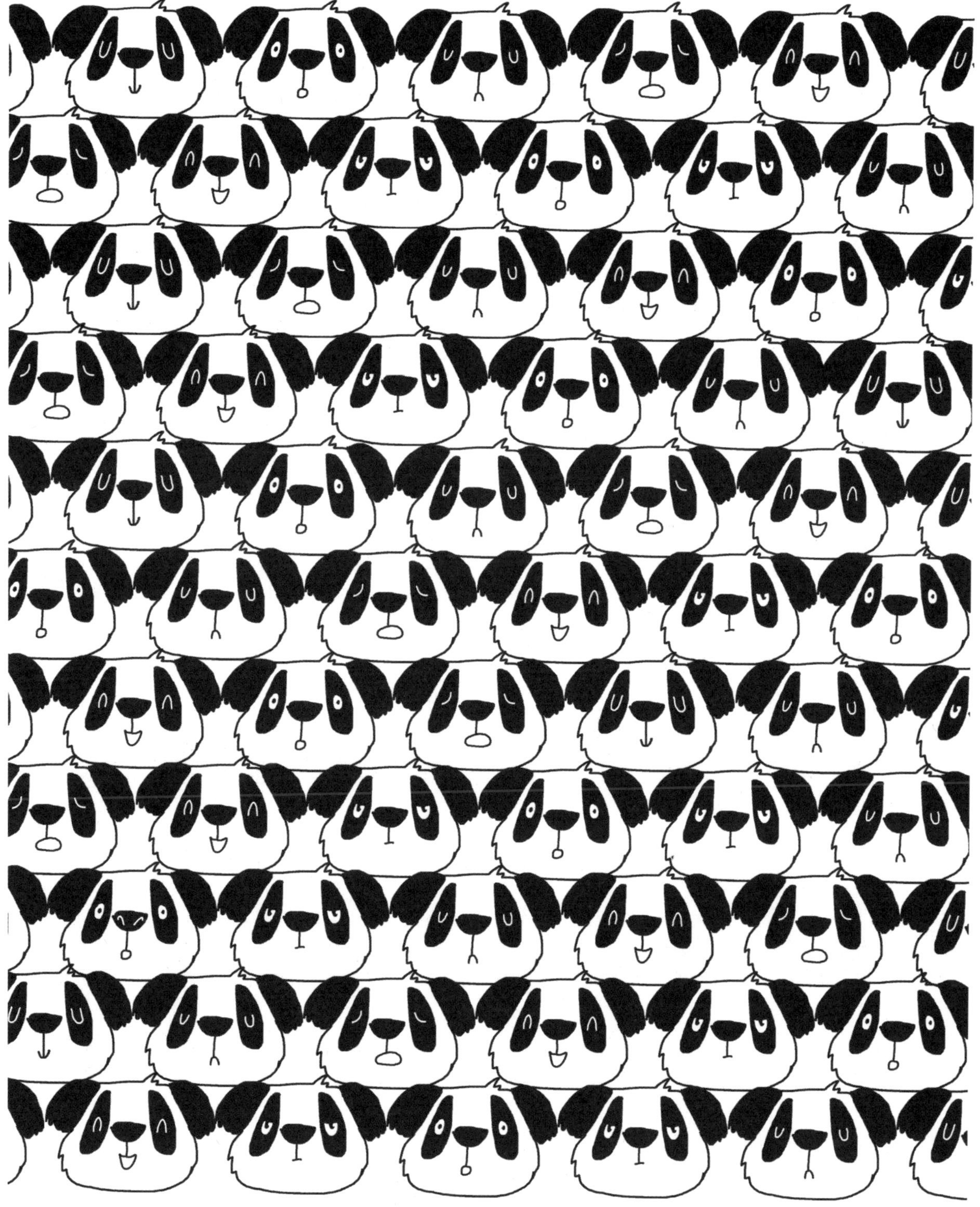

어떤 벌이 가장 많은 꽃에 들러 왔을까요?

새와 맞는 그림자를 찾으세요.

그림 조각이 아닌 것은?

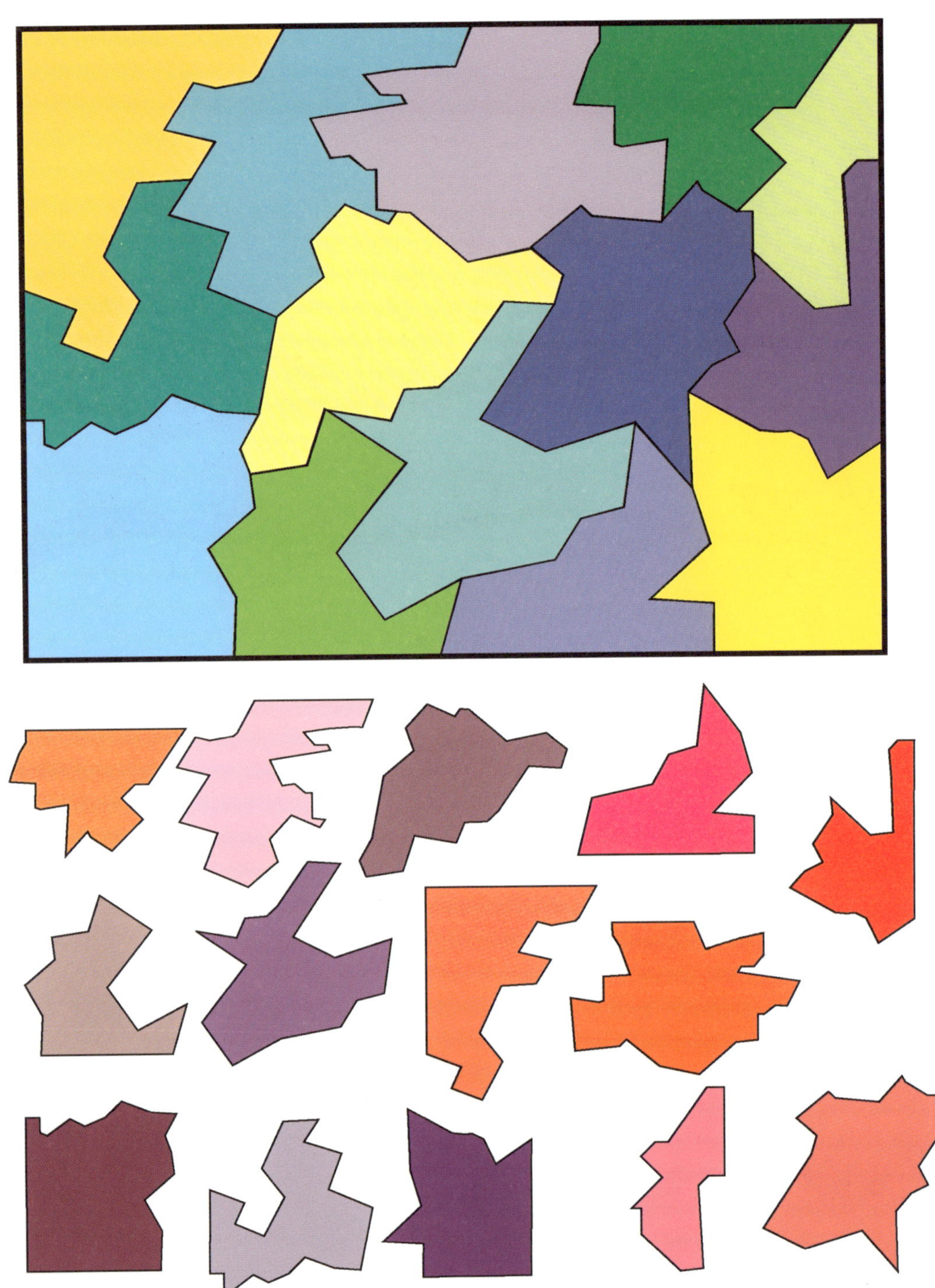

가장 많은 보물을 찾은 해적선은?

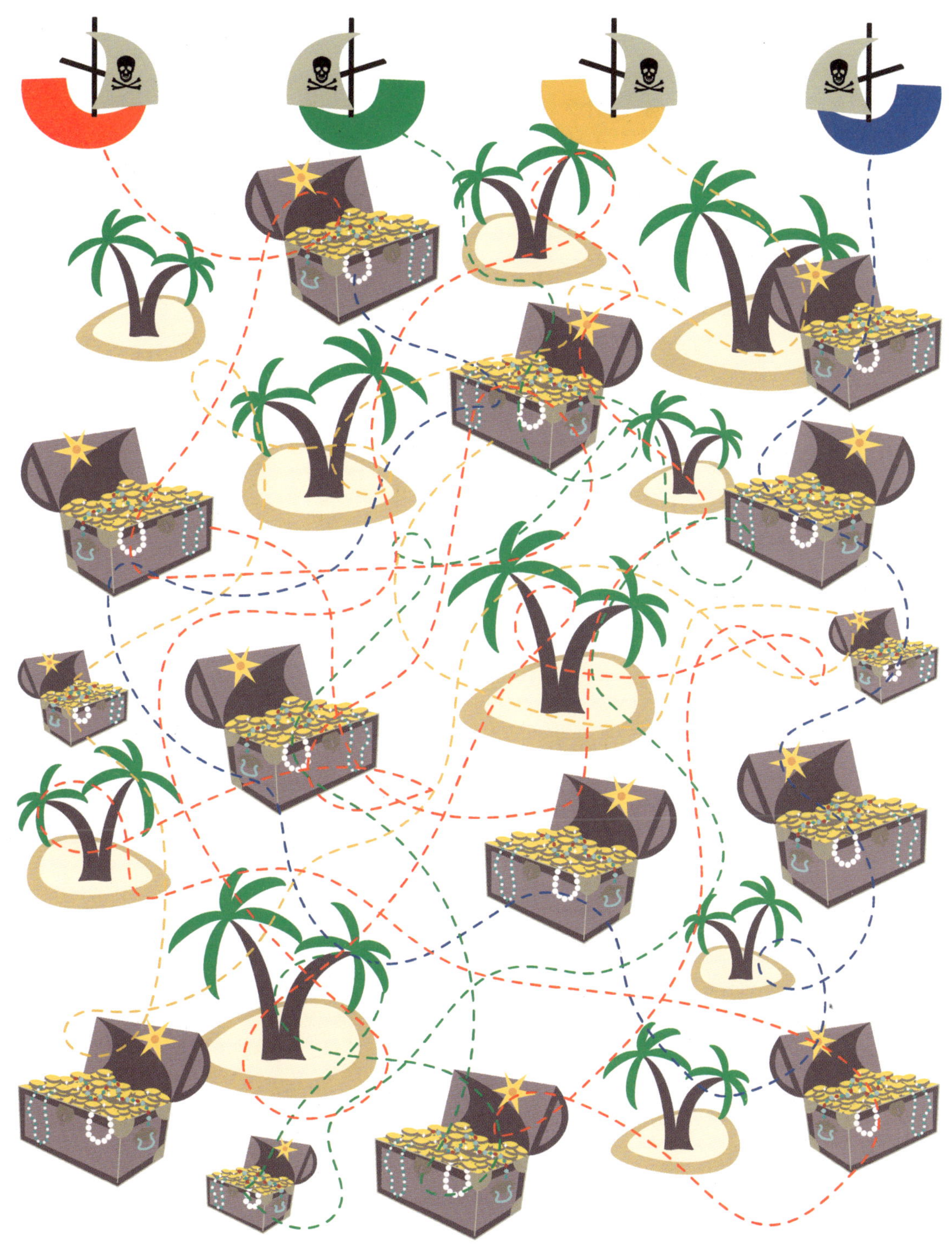

같은 성을 찾으세요.

새는 모두 몇 마리인가요? 색칠도 해보세요.

다른 것을 찾으세요.

행복하지 않은 아이가 있네요.

색 세트가 다른 하나는?

색 세트가 다른 하나는?

한 번만 나오는 과일 세 개를 찾으세요.

케이티가 재킷 단추를 잃어 버렸어요.
새로 달 단추는 어디 있을까요?

Modern Art
Cloe ♡
loe

어떤 오리가 가장 많은 알을 낳았을까요?

차세트가 깨졌어요. 조각을 맞춰주세요.

02:40

소피의 방 창문에서 별은 몇 개나 볼 수 있나요?

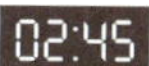

02:45

같은 것을 찾으세요.

특이한 것을 찾으세요.

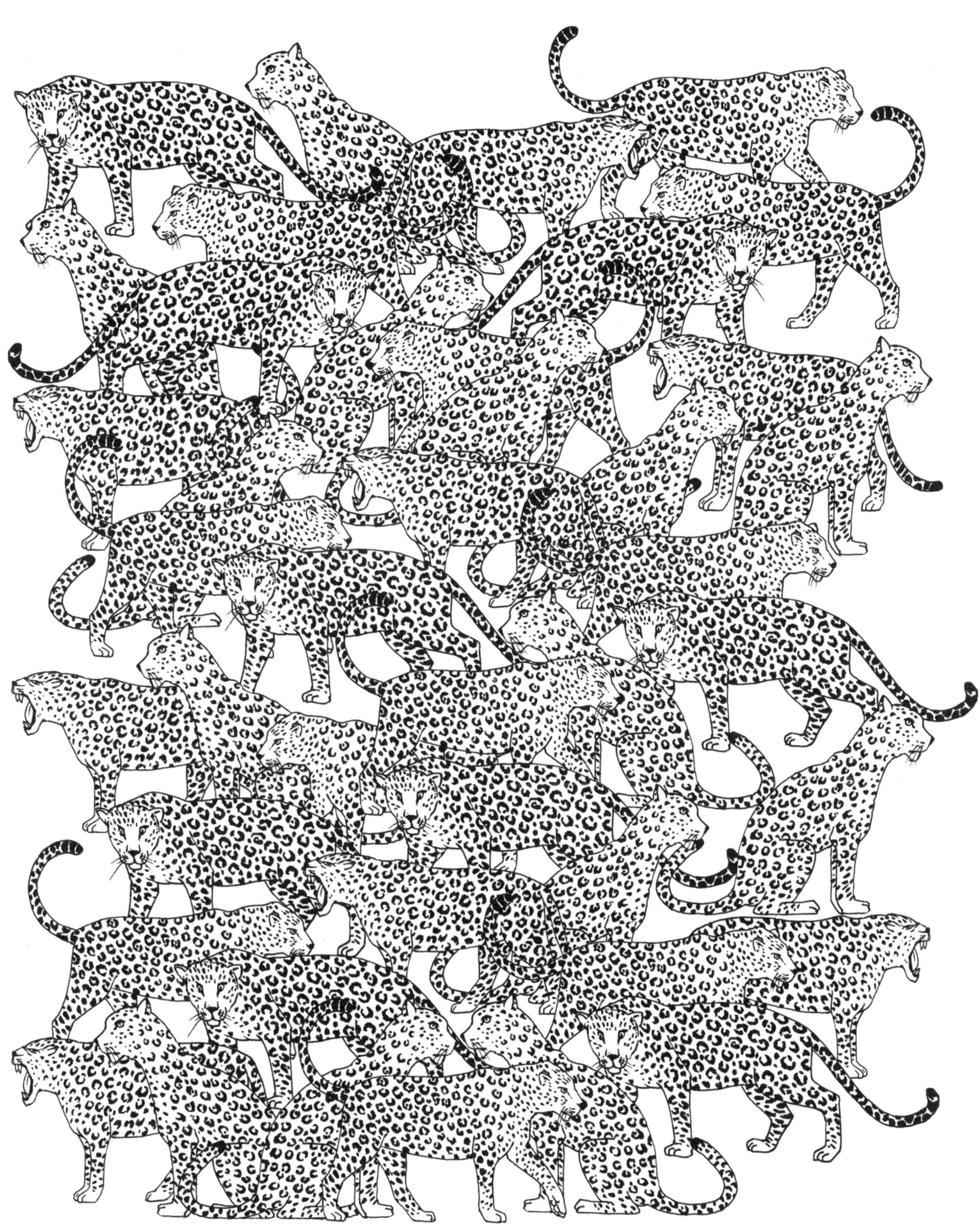

닭이 두 개의 깃털을 잃어버렸어요. 깃털은 그림 속에 숨어 있어요. .

삼각형을 모두 찾으세요.

샘과 조는 같은 큐브를 보고 있습니다. 이를 펼쳤을 때는 어떤 모양일까요?

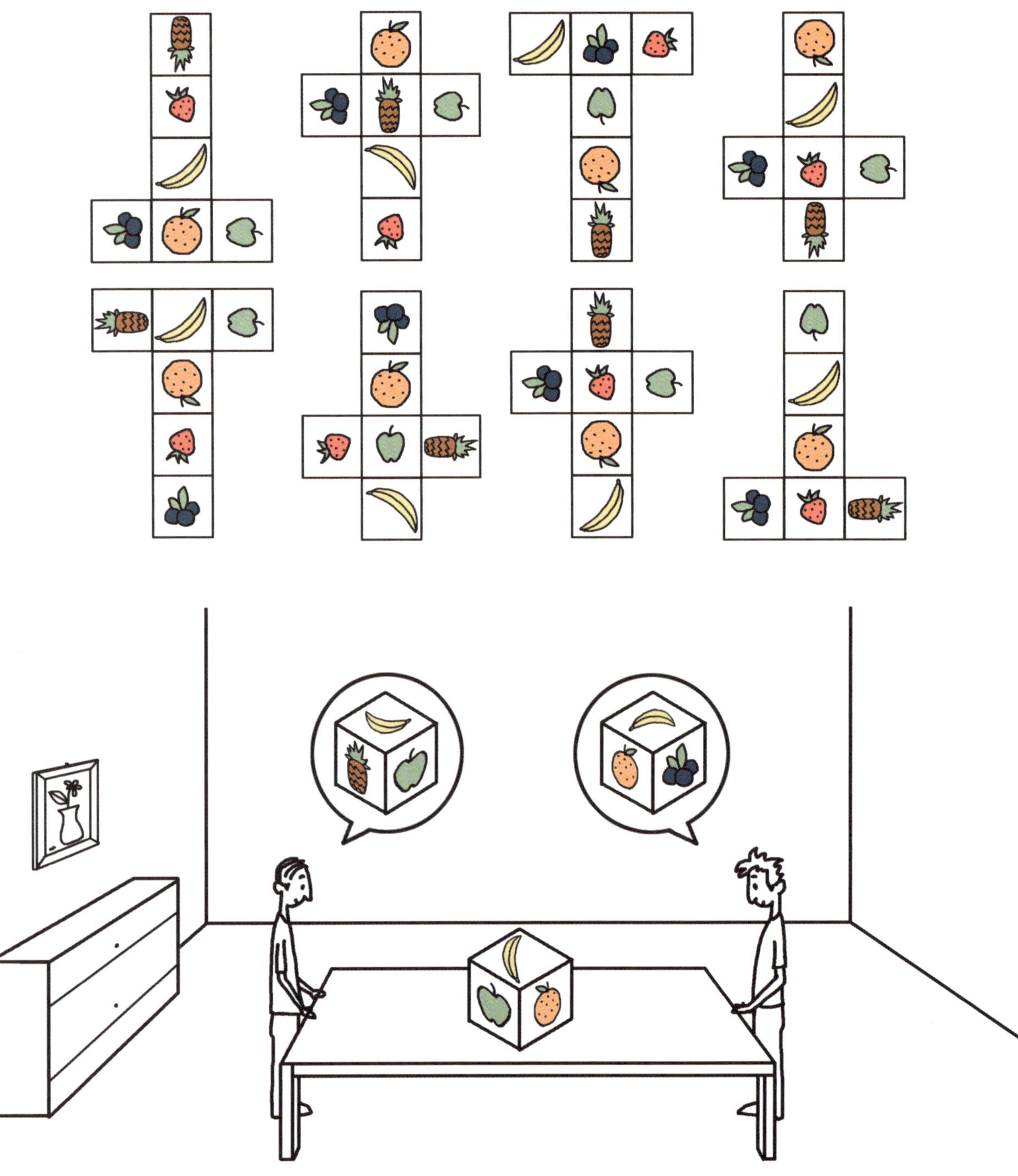

동그라미 친 것처럼 정사각형 안에 6개의 모양이 들어있는 것을 찾으세요.

달팽이를 찾으세요.

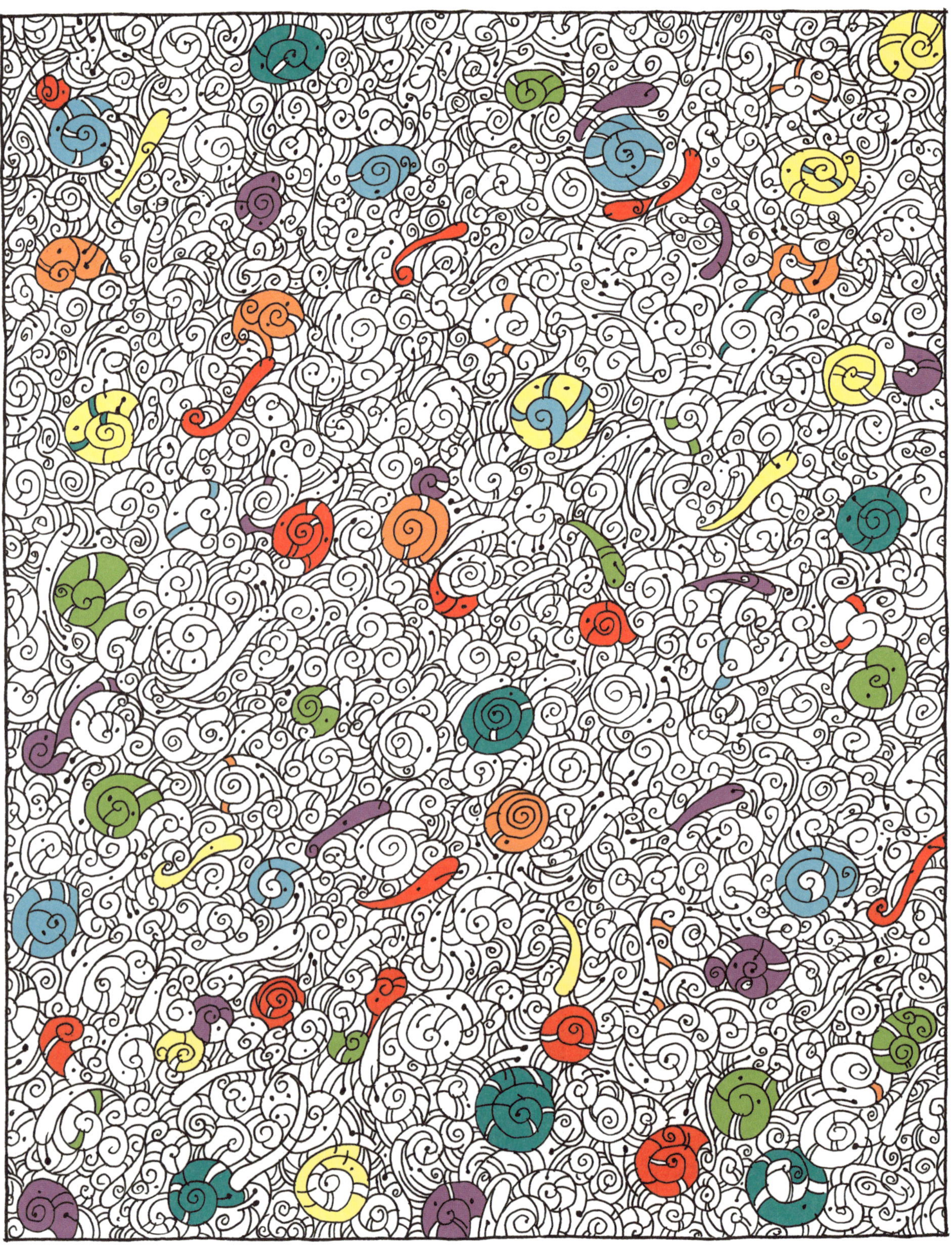

기린의 몸에 점이 몇 개인가요?

분주하게 돌아가는 시장에서 램프를 찾으세요. 몇 개를 찾았나요?

무늬가 없는 뱀이 있어요.

바다에 숨겨진 동물을 찾으세요.
그리고 각각 다른 색깔로 칠해 보세요.

뒤죽박죽 섞인 그림 속에서 원래 그림과 비교해 달라진 그림 조각을 찾으세요.

도토리를 좋아하는 동물이 무엇인지 알려면
점, 다이아몬드, 십자 표시된 부분에 각각 다른 색깔을 칠해보세요.

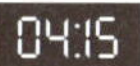

전체 그림을 알 수 있도록 빈 사각형에 그림을 그려 넣어 보세요.

그림에 색을 칠해 보세요.

전체 그림을 알 수 있도록 빈 사각형에 그림을 그려 넣어 보세요.

카멜레온에 색을 칠해 보세요.

전체 그림을 알 수 있도록 빈 사각형에 그림을 그려 넣어 보세요.

전체 그림을 알 수 있도록 빈 사각형에 그림을 그려 넣어 보세요.

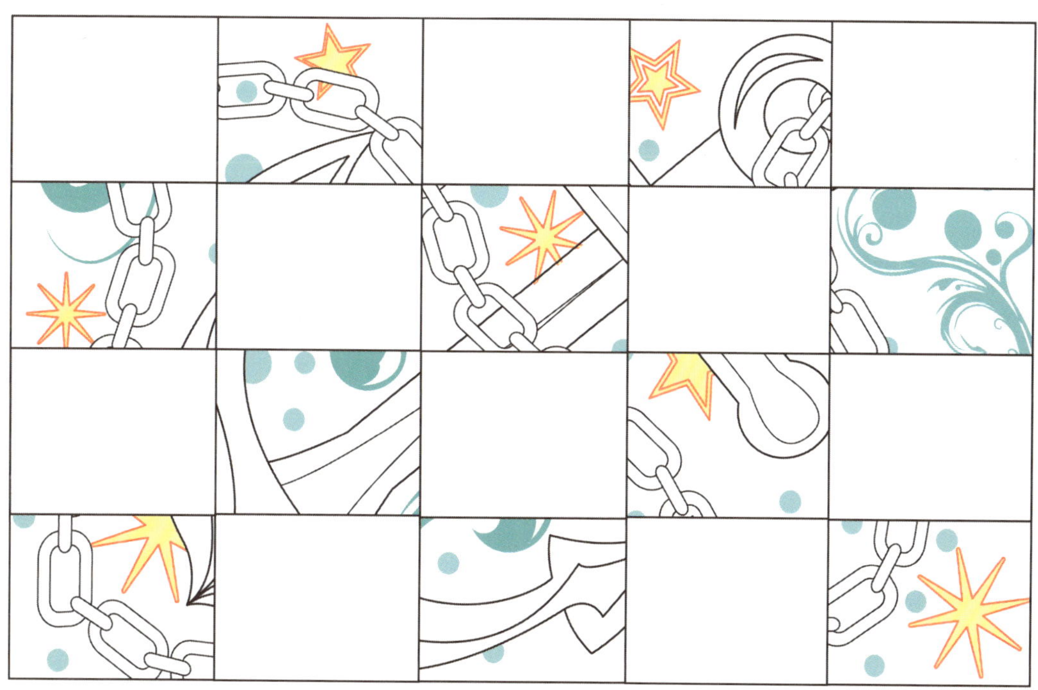

그림에서 별 두 개를 찾으세요.

SOLUTION

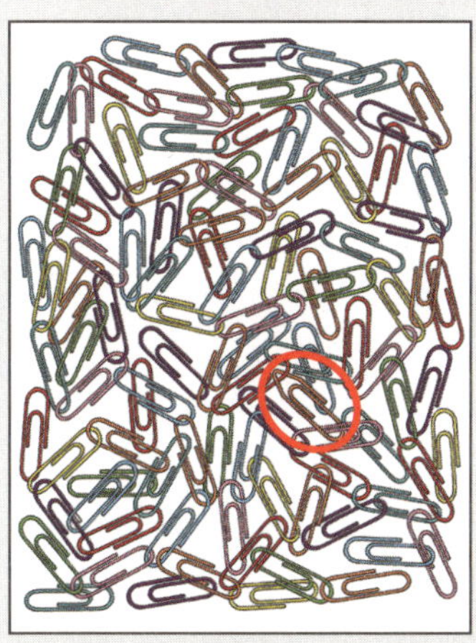

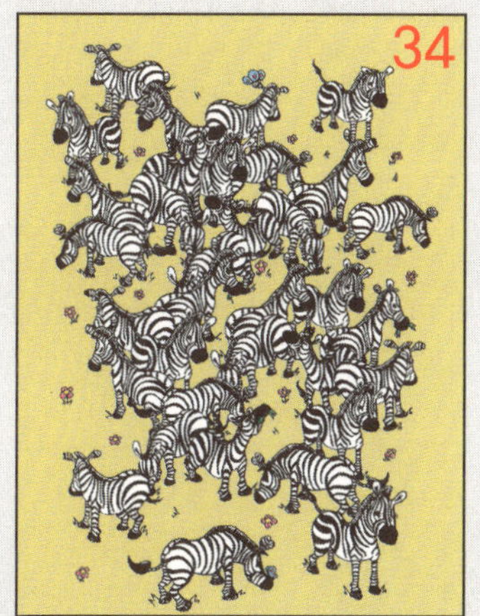

SOLUTION

SOLUTION

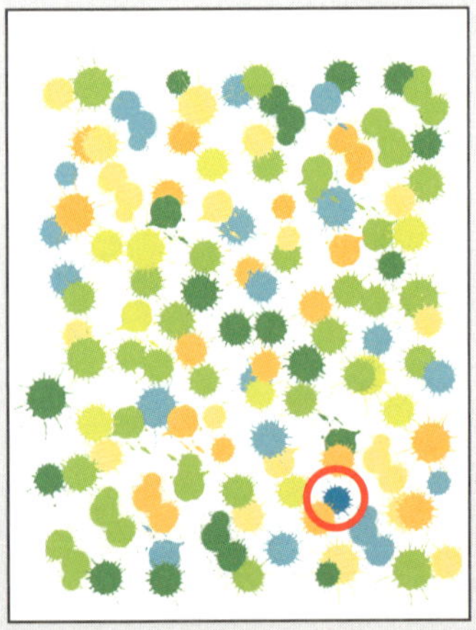

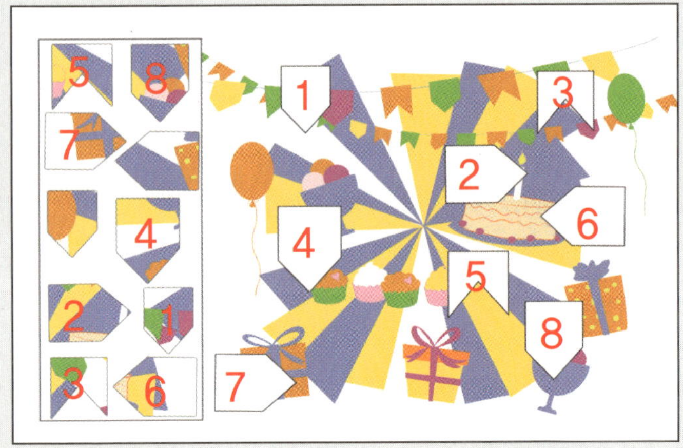

1
2 3 4 5 6 7 8 9 10
11 12 13 14 15 16 17 18 19
19 16 11
9 12 17 1
5 8 2 18
10 13
3 14 7 6 4 15

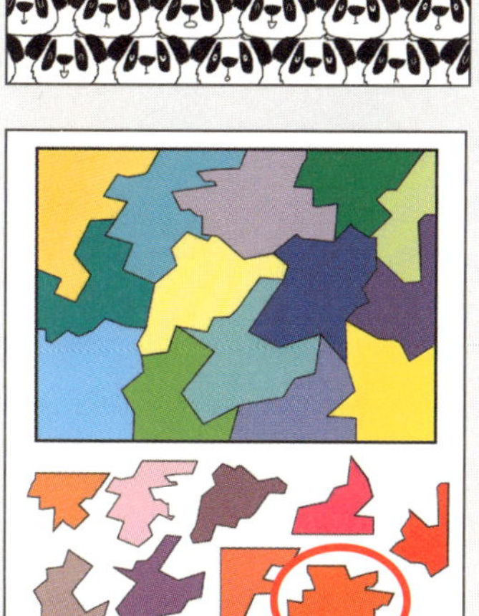

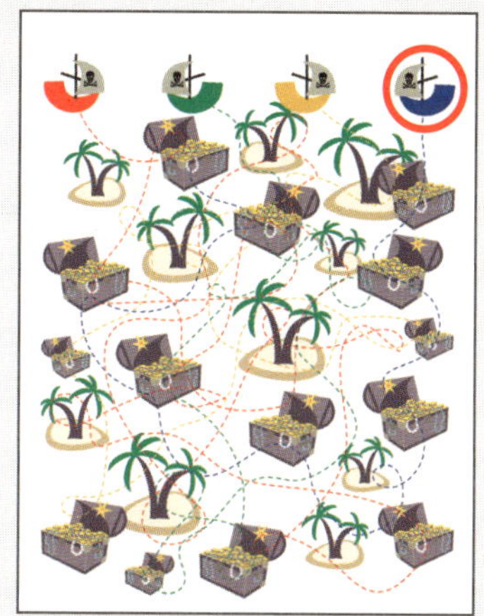

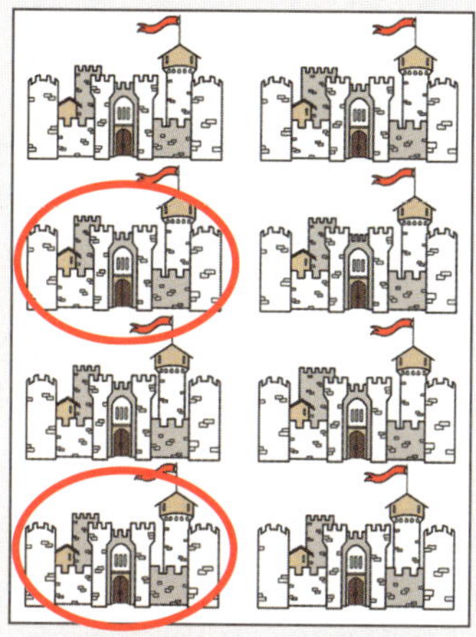

69

SOLUTION

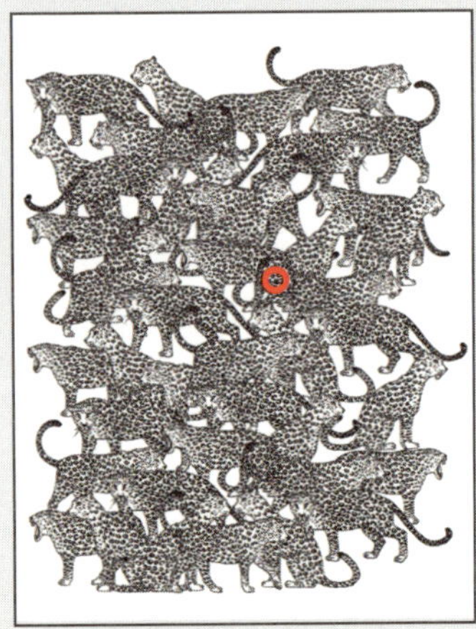

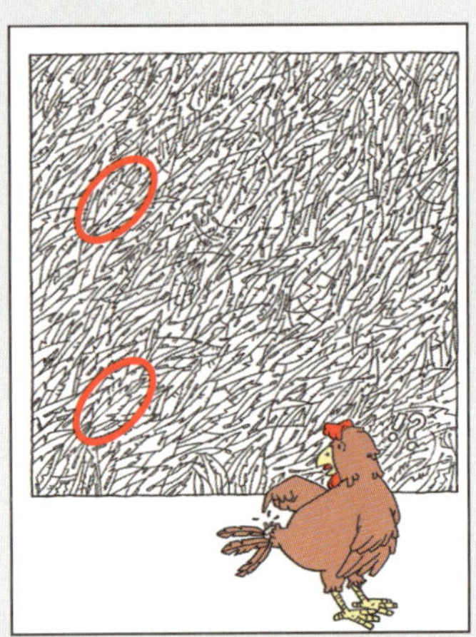

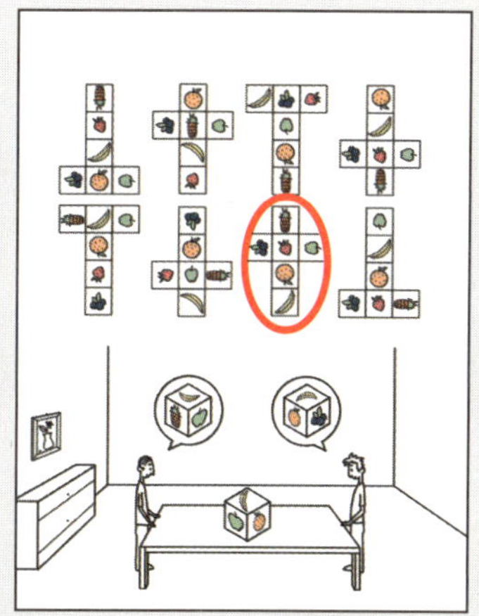

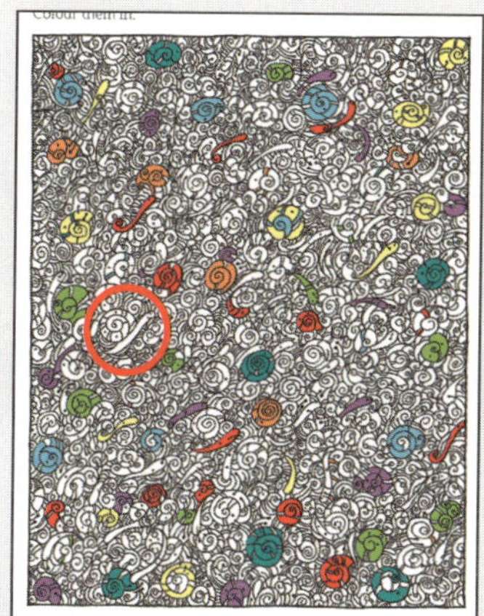
Colour them in.

159

20

SOLUTION